Първи илюстрован речник
Животни

Прасе

Заек

Пеперуда

Лисица

Илюстрирано от Анна Иванир

www.kidkiddos.com
Copyright ©2025 by KidKiddos Books Ltd.
support@kidkiddos.com

All rights reserved. No part of this book may be reproduced in any form or by any electronic or mechanical means, including information storage and retrieval systems, without written permission from the publisher, except in the case of a reviewer, who may quote brief passages embodied in critical articles or in a review.
First edition, 2025

Library and Archives Canada Cataloguing in Publication
First Picture Dictionary – Animals (Bulgarian edition)
ISBN: 978-1-83416-477-9 paperback
ISBN: 978-1-83416-478-6 hardcover
ISBN: 978-1-83416-476-2 eBook

Диви животни

Хипопотам

Панда

Лисица

Носорог

Елен

Лос

Вълк

✦ Лосът е отличен плувец и може да се гмурка под водата, за да яде растения!

Катерица

Коала

✦ Катерицата крие ядки за зимата, но понякога забравя къде ги е сложила!

Горила

Домашни любимци

Канарче

Морско свинче

◆ Жабата може да диша както с кожата си, така и с белите си дробове!

Жаба

Хамстер

Златна рибка

Куче

✦Някои папагали могат да повтарят думи и дори да смеят като хора!

Котка

Папагал

Животни във фермата

Крава

Пиле

Патица

Овца

Кон

Бухал

Прилеп

◆ Светулката свети нощем, за да намери други светулки.

◆ Бухалът ловува нощем и използва слуха си, за да открие храна!

Миеща мечка

Тарантула

Цветни животни

Фламингото е розово

Бухалът е кафяв

Лебедът е бял

Октоподът е лилав

Жабата е зелена

✦ Жабата е зелена, затова може да се скрие сред листата.

Животни и техните бебета

Крава и теле

Котка и котенце

✦ Пиленцето разговаря с майка си още преди да се излюпи.

Кокошка и пиленце

Куче и кученце

Пеперуда и гъсеница

Овца и агне

Кон и жребче

Прасе и прасенце

Коза и яре

www.ingramcontent.com/pod-product-compliance
Lightning Source LLC
LaVergne TN
LVHW072054060526
838200LV00061B/4733